小跳豆 Jumping Bean 幼兒生活體驗故事系列

添了小妹妹

U0111531

新雅文化事業有限公司
www.sunya.com.hk

小跳豆
幼兒生活體驗故事系列
跟着跳跳豆和糖糖豆一起經歷成長之旅！

　　幼兒在成長的過程中，必會遇到大大小小的難題。有些孩子害怕上學，有些孩子會嫉妒弟妹，有些孩子不懂得和別人相處……爸爸媽媽可以怎樣幫助孩子克服這些困難和不安感呢？

　　《小跳豆幼兒生活體驗故事系列》共 6 冊，透過跳跳豆和糖糖豆的日常生活經歷，帶領孩子學習面對不同的情況，例如在上學的第一天、交朋友、看醫生、迷路、添了小妹妹（或小弟弟）和出現偏食問題的時候，怎樣適當地處理和改善。

　　書後設有「親子小遊戲」，以有趣的形式幫助孩子學習處理各種難題的方法。「成長小貼士」提供一些實用性的建議予家長，告訴家長當孩子面對心理困擾時，可以怎樣從旁給予孩子引導和幫助，使孩子成為一個愉快、勇敢、自信的好孩子。

讓親子閱讀更有趣！

　　本系列屬「新雅點讀樂園」產品之一，若配備新雅點讀筆，爸媽和孩子可以使用全書的點讀和錄音功能，聆聽粵語朗讀故事、粵語講故事和普通話朗讀故事，亦能點選圖中的角色，聆聽對白，生動地演繹出每個故事，讓孩子隨着聲音，進入豐富多彩的故事世界，而且更可錄下爸媽和孩子的聲音來説故事，增添親子閱讀的趣味！

　　「新雅點讀樂園」產品包括語文學習類、親子故事和知識類等圖書，種類豐富，旨在透過聲音和互動功能帶動孩子學習，提升他們的學習動機與趣味！

想了解更多新雅的點讀產品，請瀏覽新雅網頁(www.sunya.com.hk)或掃描右邊的QR code進入 。

如何使用新雅點讀筆閱讀故事？

1. 下載本故事系列的點讀筆檔案

1 瀏覽新雅網頁(www.sunya.com.hk) 或掃描右邊的QR code 進入 新雅・點讀樂園 。

2 點選 下載點讀筆檔案 ▶ 。

3 依照下載區的步驟說明，點選及下載《小跳豆幼兒生活體驗故事系列》的點讀筆檔案至電腦，並複製至新雅點讀筆的「BOOKS」資料夾內。

2. 啟動點讀功能

開啟點讀筆後，請點選封面右上角的 新雅・點讀樂園 圖示，然後便可翻開書本，點選書本上的故事文字或圖畫，點讀筆便會播放相應的內容。

3. 選擇語言

如想切換播放語言，請點選內頁右上角的 粵☆普 圖示，當再次點選內頁時，點讀筆便會使用所選的語言播放點選的內容。

4.播放整個故事

如想播放整個故事，請直接點選以下圖示：

5.製作獨一無二的點讀故事書

爸媽和孩子可以各自點選以下圖示，錄下自己的聲音來說故事！

1️⃣ 先點選圖示上 爸媽錄音 或 孩子錄音 的位置，再點 OK，便可錄音。

2️⃣ 完成錄音後，請再次點選 OK，停止錄音。

3️⃣ 最後點選 ▶ 的位置，便可播放錄音了！

4️⃣ 如想再次錄音，請重複以上步驟。注意每次只保留最後一次的錄音。

有一天，跳跳豆去探望脆脆豆。
因為脆脆豆的媽媽剛添了小寶寶，
脆脆豆成為哥哥了！

「叮噹！」門鈴一響，
脆脆豆的爸爸來開門。
脆脆豆也來迎接跳跳豆。

剛走進脆脆豆的家，
跳跳豆便聽見寶寶的哭鬧聲，
還有脆脆豆媽媽的聲音：
「小寶寶，別哭，別哭。
媽媽在這兒。」
原來，脆脆豆的媽媽正忙着
照顧小寶寶。

這時，跳跳豆發現脆脆豆
有點悶悶不樂，便問：
「脆脆豆，發生了什麼事？」
脆脆豆說：
「媽媽的肚子裏有了小寶寶的時候，
告訴我快要做哥哥了！
我還想着日後可以和妹妹一起玩呢！」

「是呀！和妹妹一起玩耍多高興！」
跳跳豆興奮地說。
脆脆豆卻抱怨說：
「但是，自從妹妹出生後，爸爸媽媽
就只愛逗她玩，又常常抱着她，
都不理我了。」

此時，房裏傳來了寶寶的哭聲。
「你聽到了嗎？妹妹又在哭了。」
脆脆豆感到有點生氣。
「我原本想跟妹妹一起玩的，
但是她根本都不會和我玩，只會哭。」

脆脆豆的爸爸聽見了，
走過來摸摸脆脆豆的頭，説：
「那是因為妹妹年紀還小，
她不會説話和走路。
你要好好愛護她啊！」

脆脆豆的爸爸繼續說：

「脆脆豆，想試試做個大哥哥嗎？」

「大哥哥？」脆脆豆疑惑地問。

「我知道！那就是幫媽媽照顧小寶寶！」

跳跳豆興奮地說。

於是，
脆脆豆的爸爸和脆脆豆去找媽媽。
脆脆豆說：
「媽媽，我來幫你！」
脆脆豆的媽媽說：
「脆脆豆真是個好孩子。」
跳跳豆也跟着說：
「我也來幫忙！」

然後，脆脆豆幫媽媽去拿奶瓶，
因為妹妹的肚子餓了。

接着，
脆脆豆又幫媽媽去拿小被子，
因為怕妹妹會着涼。
「謝謝你，脆脆豆。」
脆脆豆的媽媽説。

脆脆豆和跳跳豆站在牀邊，
一起逗脆脆豆的妹妹玩耍。
脆脆豆看着妹妹的笑臉，感到很高興。
因為他知道，
自己不但成為了爸爸媽媽的好幫手，
還成為了一個能幹的好哥哥呢！

親子小遊戲

如果你添了小妹妹或小弟弟，你會怎樣做呢？在正確做法
的 ☐ 內加 ✔。

1.

☐

聽到妹妹或弟弟大聲
哭叫，會感到很生氣

2.

☐

幫爸爸媽媽照顧
妹妹或弟弟

3.

☐

逗妹妹或弟弟玩

4.

☐

向朋友哭訴，爸爸媽
媽被弟妹搶走了

30

成長小貼士

孩子添了弟妹，父母怎樣幫助他們克服心理困擾？

- 在小寶寶出生以前，父母應該先和孩子說說家裏會有新成員，就像故事中的媽媽一樣，告訴孩子媽媽的肚子裏有了小寶寶，讓孩子對新生弟妹的來臨有所準備，避免孩子的妒忌心理。

- 新生幼兒出生後，孩子發現父母把注意力都集中在新生弟妹身上了，對自己不像以前那樣疼愛。孩子容易錯誤地認為有了弟妹之後，父母就再也不喜歡自己了，於是可能會抱怨，生氣等。這時，就需要父母及時發現並積極引導孩子，給予孩子關心和注意，不要因為新生弟妹而忽略了孩子。

- 當孩子第一次當哥哥姐姐時，一定也很想為新生弟妹做些什麼，父母可以讓孩子參與照顧幼兒的工作，這樣孩子自然地便會產生成就感，而且也逐漸學會照顧弟妹。

小跳豆幼兒生活體驗故事系列
添了小妹妹

原著：辛亞

改編：新雅編輯室

繪圖：何宙樺

責任編輯：趙慧雅、楊明慧

美術設計：劉麗萍

出版：新雅文化事業有限公司

香港英皇道499號北角工業大廈18樓

電話：(852) 2138 7998

傳真：(852) 2597 4003

網址：http://www.sunya.com.hk

電郵：marketing@sunya.com.hk

發行：香港聯合書刊物流有限公司

香港荃灣德士古道220-248號荃灣工業中心16樓

電話：(852) 2150 2100

傳真：(852) 2407 3062

電郵：info@suplogistics.com.hk

印刷：中華商務彩色印刷有限公司

香港新界大埔汀麗路36號

版次：二〇二一年七月初版

ISBN: 978-962-08-7736-0